PROJET D'ORGANISATION

DE

L'ALGÉRIE;

PAR M. RENÉ DE SEMALLÉ,

Membre de la Société de Géographie.

AVRIL 1871.

PROJET D'ORGANISATION

DE L'ALGÉRIE.

I.

La première question qui se présente est celle-ci : faut-il faire de l'Algérie une contrée absolument indépendante pour son administration, comme l'Inde, le Canada et les autres colonies, à l'égard de la Grande-Bretagne, ou faut-il l'assimiler à la France, et l'y incorporer?

Si on prend le premier parti, faut-il établir un gouvernement militaire exploitant les indigènes sans donner aucune liberté aux citoyens français, comme le gouvernement de l'Inde anglaise, ou établir un gouvernement autonome, avec des chambres et un ministère responsable, comme au Canada?

Quelle part faut-il faire à ces populations indigènes?

Si l'on se décide pour l'incorporation à la France, que fera-t-on des races indigènes?

Nous répondrons tout de suite que nous sommes pour l'assimilation de la colonie à la mère patrie.

L'autonomie de l'Algérie serait un premier pas vers la séparation absolue. De plus, ce serait une mesure contraire au génie de la nation française. Les Anglais ne reconnaissent pas de droit absolu, il ne reconnaissent que des priviléges.

Les îles de la Manche ne sont pas représentées au Parlement et jouissent chacune d'une complète autonomie. Dès lors, qu'y a-t-il d'étonnant que des colonies grandes et éloignées jouissent de constitutions particulières?

Donc, sans hésiter, nous nous prononçons pour l'assimilation. Cette assimilation ne doit être ni subite, ni absolue. Songeons que la Corse a des règlements particuliers sur le port d'armes et la régie ; que l'arrondissement de Gex jouit de grandes immunités douanières ; que certaines petites îles de la Bretagne ont une administration toute différente de celle du reste de la France. Il faut donc ménager la transition en Algérie, tout en tendant fortement à une assimilation complète avec la mère patrie. Avant tout, nous voulons qu'il n'y ait plus de contrée appelée officiellement Algérie, mais des départements d'outre-Méditerranée, indépendants les uns des autres, avec services relevant des divers ministères de l'Intérieur, de la Guerre, de la Justice, du Commerce, etc. Nous voulons que le nom d'Algérie représente seulement une appellation topographique comme les bassins de la Loire ou du Rhône. Seulement, il faut tenir compte des faits ; or, dans ces départements de l'extrême sud, il se trouverait une population nombreuse actuellement en dehors de la nationalité française, et divisée en tribus. Ces tribus seraient régies, ou pour mieux dire surveillées par une commission des affaires arabes et kabyles analogue à la commission des affaires indiennes aux Etats-Unis. Des résidents seraient établis près des différentes tribus, et seraient en rapport avec la commission centrale établie au ministère de l'Intérieur. C'est ainsi qu'aux Etats-Unis on a distrait les affaires indiennes du ministère de la Guerre, pour les donner à celui de l'Intérieur.

II.

On évalue la superficie de l'Algérie à 39 millions d'hectares, 14 millions dans le Tell, 25 millions dans le Sahara. Si l'on donne une étendue moyenne de 800,000 hectares aux départements formés dans le Tell, c'est-à-dire à peu près la superficie de la Corse, on arrive à diviser le Tell en dix-sept subdivisions départementales, et si l'on double l'étendue des circonscriptions sahariennes, vu le peu de densité de la population possible, on partage le Sahara en quinze circonscriptions, soit, en tout, trente-deux pour l'Algérie.

La première mesure à prendre serait de partager

tout le territoire algérien en trente-deux subdivisions d'à peu près 800,000 hectares dans le Tell, et 1 million 600,000 dans le Sahara. Ces subdivisions seraient l'analogue des territoires *organisés* dans l'ouest des États-Unis. Elles seraient désignées sous le nom de Cercles, et porteraient le nom de leurs chefs-lieux. Les trois provinces actuelles seraient conservées temporairement, et on en séparerait successivement chacun des cercles à mesure qu'il renfermerait une population de 80,000 Français. Ces cercles s'appelleraient départements et auraient les mêmes droits et les mêmes devoirs que les départements de la mère patrie. Ils prendraient les noms d'une rivière ou d'une montagne. C'est ainsi que le cercle de Bône s'appellerait département de la Seybouse, celui de Constantine département du Rummel, celui de Blidah, département du Petit-Atlas, etc.

Les provinces actuelles auraient chacune un conseil général et des représentants aux Chambres législatives, et on en séparerait les cercles aussitôt qu'ils seraient passés à la dignité départementale. Ainsi, par exemple, après la constitution des départements de la Seybouse et du Rummel, l'ensemble des autres cercles de la province de l'est porterait toujours le nom de province de Constantine, et cette province aurait son conseil général, son député, et chacune des provinces actuelles formerait une division militaire, un ressort de cour d'appel, une circonscription académique, de même qu'elle forme un diocèse. A mesure qu'un cercle deviendrait département, il serait subdivisé en arrondissements judiciaires.

III.

Maintenant que nous avons partagé chacune des provinces algériennes en cercles et départements ayant une population française de 80 mille âmes, ce qui donnerait 2,560,000 français, au lieu de 150,000 qu'il y a actuellement, il faut arriver au moyen de recruter ces 2,560,000 compatriotes. Ce recrutement, très-long par l'excès des naissances sur les décès, s'obtiendrait difficilement par l'émigration française. Il faut donc aviser au moyen de nationaliser les indigènes et, pour cela, nous devons écarter les obstacles résultant de la différence des mœurs et des lois entre les conquérants et les conquis.

Les trois seuls obstacles qui s'opposent à la francisation des indigènes algériens proviennent de l'indivision des terres, du divorce et de la polygamie. Nous allons essayer de les lever.

Indivision des terres. — Les terres dont jouissent les Arabes sont Melkh ou Arch. Les terres Melkh sont de véritables propriétés personnelles. Malheureusement, les terres Melkh sont peu nombreuses; elles appartiennent aux Maures et aux citadins, et sont généralement situées dans la banlieue des villes. Les terres Arch appartiennent au *souverain*, en toute propriété ; les tribus ont seulement le droit de jouissance en commun. Les Arabes n'ont la propriété réelle que de leurs bestiaux et outils. Ceux qui n'ont pas de bestiaux reçoivent la terre et les semences et donnent leur travail à l'aide des bœufs que leur prêtent les riches. Ils ont le cinquième de la récolte pour toute rémunération. Rien de plus juste que le cantonnement, tel qu'il avait été conçu avant le régime impérial.

Le Gouvernement français, resté propriétaire de toutes les terres, en prenait la moitié et délivrait un titre de propriété pour l'autre moitié à la tribu ou au douar usufruitier.

Un décret impérial a rendu les Arabes propriétaires de toutes les terres dont ils jouissaient, à quelque titre que ce fût. Maintenant, on a commencé le partage de ces terres entre les douars, subdivisions de la tribu, puis, entre les familles, mais non entre les individus. La propriété est encore collective, mais collective dans la famille et non dans le douar, et seulement là où l'Administration a opéré cette difficile répartition.

Pour nous, nous appliquerions cet axiome de droit, que nul n'est tenu de rester dans l'indivision, et nous ferions une part à tout Arabe voulant être Français, part personnelle, même quand ledit Arabe n'aurait ni bœuf, ni charrue.

Divorce. — Plus que personne, nous réprouvons le divorce en lui-même et dans ses conséquences. Cependant nous devons faire observer : 1° que les nations catholiques sont les seules qui aient exclu le divorce de leur législation ; 2° que l'Église catholique reconnaît de nombreux cas de nullité non admis par le Code, et auxquels il n'y a plus de remède possible depuis la loi du 8 mai 1846. — Maintenant, l'indissolubilité absolue du mariage civil est aussi tyrannique pour les Catholiques qui n'ont pas le divorce que pour les Protestants et les Israélites qui l'ont. Nous connaissons trois mariages, toujours unis par la loi civile et déclarés libres du lien religieux par décision de la Cour de Rome. Ce sont ceux du marquis de..., de la comtesse... et de madame Zoé H....

Mieux vaut l'abolition actuelle du divorce que le rétablissement du titre VI du code civil sans aucune garantie pour le conjoint réellement catholique. C'est ici que nous allons rompre en visière à cette opinion si répandue que la loi ne doit reconnaître aucune considération religieuse. Il n'en est pas ainsi aux États-Unis, terre classique de la liberté et de la République, où des Quakers, entr'autres, ne peuvent être forcés de prêter serment.

Pour remédier aux inconvénients du divorce, au point de vue catholique, il suffit d'introduire un alinéa dans l'article 75 et un autre dans l'article 274.

A l'article 75, après ces mots : « il interpellera les futurs époux ainsi que les personnes qui autorisent le mariage, si elles sont présentes, d'avoir à déclarer s'il a été fait un contrat de mariage, et, dans le cas de l'affirmation, la date de ce contrat, ainsi que les noms et le lieu de la résidence du notaire qui l'aura reçu, » il faut ajouter : « il demandera encore aux futurs conjoints s'ils désirent faire consacrer leur union par les ministres de l'un des cultes reconnus par l'État. »

A l'article 274 nous ajouterions la phrase suivante : « les conjoints qui auront déclaré leur intention de faire consacrer leur union par le ministre d'un des cultes reconnus par l'État ne pourront former la demande en divorce qu'après avoir obtenu la déclaration de nullité ou la sentence de divorce des ministres compétents du culte, suivant le rite duquel ils auront reçu la bénédiction religieuse. Les époux qui auront contracté un mariage mixte devant les ministres de deux cultes, devront apporter la déclaration ou la sentence des ministres des deux Églises. »

La loi ainsi accordée, loin d'être oppressive pour les Catholiques, leur rendrait la liberté, et, en même temps, elle faciliterait singulièrement les naturalisations aux Musulmans et aux Israélites d'Algérie.

Polygamie. — Ici, il faut rappeler à nos lecteurs en quoi consiste la polygamie musulmane. Un musulman ne peut avoir plus de quatre épouses. Généralement, sauf les chefs, chaque homme n'a qu'une femme.

La loi est des plus gênantes pour le mari de plusieurs femmes ; ainsi, il ne peut faire aucun cadeau à l'une de ses femmes qu'il n'en fasse un équivalant aux autres. Un musulman peut avoir une ou plusieurs épouses, ou une ou plusieurs épouses et des concubines, ou bien seulement des concubines.

D'après la loi que nous voudrions édicter pour l'Algérie, l'Arabe voulant se faire naturaliser français aurait le choix entre une seule femme, avec le divorce suivant le Code, ou plusieurs concubines, sans mêler les deux régimes. Dans le cas ou l'Arabe opterait pour le régime concubinaire, les enfants, issus de ses concubines et reconnus par lui, hériteraient de leur père comme des enfants légitimes, mais seulement sur les biens immeubles situés en Algérie.

Qu'on ne se récrie pas sur l'immoralité d'une telle législation, et qu'on veuille bien réfléchir que, en France, aucune loi n'empêcherait un citoyen célibataire de vivre avec plusieurs femmes non mariées, à la fois et de reconnaître tous les ans plusieurs enfants comme issus de lui, à la mairie.

Si une telle immoralité n'est pas pratiquée en France, c'est à cause de l'influence bienfaisante qu'exerce encore le christianisme sur les gens qui se prétendent libres de tout lien religieux. La seule sanction pénale contre cette véritable polygamie consiste dans la réduction de la part de l'héritier illégitime, reconnue à un tiers.

En Algérie, cette forme de polygamie qui serait, nous le croyons, fort rare, serait tolérée légalement, quoique entravée par la disposition statuant que les parts entières des enfants naturels reconnus ne pourraient se prendre que sur les immeubles sis en Algérie.

Les citoyens français, seuls, seraient électeurs et éligibles à toutes les assemblées communales, départementales et nationales ; seuls, ils pourraient prétendre à des places dans la magistrature et les administrations ; seuls, enfin, ils pourraient parvenir aux grades au-dessus de lieutenant dans l'armée française ou indigène.

Nul doute que, avec les lois que nous proposons, beaucoup d'Arabes ne se fissent naturaliser Français ; qu'il n'en résultât des mariages mixtes et, plus tard, la fusion si désirable des races Arabe et Européenne.

Nul doute que nous ne puissions, dans un temps très-restreint, arriver au partage des terres indivises et au nombre de 2,560,000 citoyens, nécessaire pour l'organisation définitive de l'Algérie en départements français.

Toutes les lois donnant des droits politiques communaux et départementaux aux étrangers non naturalisés, aux musulmans et aux israélites indigènes seraient abolies.

Dès lors, pour pouvoir exercer une influence quelconque sur la gestion de leurs intérêts, les indigènes et les étrangers, si nombreux en Algérie, seraient forcés d'entrer dans la grande cité française.

La communauté d'intérêts donnerait promptement de l'homogénéité à ces citoyens d'origines diverses, et l'Algérie ne serait plus une colonie, mais une véritable extension de la mère patrie, de l'autre côté de la Méditerranée.

Versailles. — Imp. de Dufaure.

VERSAILLES. — **DUFAURE**, IMPRIMEUR DE LA PRÉFECTURE,

Rue de la Paroisse, n° 21.